비행기
_인류의 날갯짓

비행기 인류의 날갯짓 앨리슨 윌거스 글 | 몰리 브룩스 그림 | 이민아 옮김

1판 1쇄 펴낸날 2018년 2월 20일 | **펴낸이** 이충호 | **펴낸곳** 길벗어린이(주) | **등록번호** 제10-1227호 | **등록일자** 1995년 11월 6일
주소 10881 경기도 파주시 문발로 214-12 | **대표전화** 031-955-3251 | **팩스** 031-955-3271 | **홈페이지** www.gilbutkid.co.kr
총괄 권혁환 | **편집1팀** 송지현 김하나 최미라 임하나 김민희 | **편집2팀** 이은영 | **디자인** 서정민 여현미 | **마케팅** 이정욱 유소희 김서연
총무·제작 최수용 손희정 임희영
ISBN 978-89-5582-432-2 77550, 978-89-5582-376-9(세트)

FLYING MACHINES: Science comics: How the Wright Brothers Soared
Text copyright ⓒ 2017 by Alison Wilgus
Illustrations copyright ⓒ 2017 by Molly Brooks
All rights reserved.
This Korean edition was published by Gilbut Children Publishing in 2018 by arrangement with First Second, an imprint of Roaring Brook Press, a division of Holtzbrinck Publishing Holdings Limited Partnership through KCC(Korea Copyright Center Inc.), Seoul.

이 책의 한국어판 저작권은 (주)한국저작권센터(KCC)를 통해 저작권자와 독점 계약한 길벗어린이(주)에 있습니다.
저작권법에 의하여 한국 내에서 보호를 받는 저작물이므로 무단 복제와 전재를 금합니다.

이 책의 국립중앙도서관 출판예정도서목록(CIP)은 서지정보유통지원시스템 홈페이지(http://seoji.nl.go.kr)와 국가자료공동목록시스템(http://www.nl.go.kr/kolisnet)에서 이용하실 수 있습니다. (CIP 제어번호:CIP2017030983)

비행기
— 인류의 날갯짓

앨리슨 윌거스 글 몰리 브룩스 그림 이민아 옮김

<mark>여</mark>러분에게 재미있는 비행기 이야기를 들려줄 분을 소개합니다. 비행기를 발명한 윌버와 오빌 라이트 형제의 여동생 캐서린 라이트 선생님입니다. 이제 곧 알게 되겠지만, 라이트 형제에게는 경쟁자가 많았어요. 라이트 형제의 성공 이야기에는 손에 땀을 쥐게 하는 아슬아슬한 순간과 빠져나갈 구멍이 보이지 않는 위기, 또 그것을 기상천외하게 돌파하는 모험담이 가득합니다.

이야기 속에서 프랭크 휘틀이라는 소년<mark>도</mark> 만나게 될 거예요. 프랭크는 비행기가 세상에 등장하던 시기에 태어나, 그 누구도 상상할 수 없는 빠른 비행기를 만들겠다고 다짐했어요. 라이트 형제와 휘틀은 오늘날 우리를 어디든지 데려다주는 제트 여객기의 토대를 닦았답니다.

먼저 캐서린에 대해 이야기할게요. 캐서린은 라이트 가족의 막내이자 외동딸이었어요. 캐서린이 열네 살 때 어머니가 돌아가시는 바람에 어린 캐서린이 집안일을 도맡게 되었어요. 교회 주교였던 아버지는 지방 순회 활동을 하느라 집을 비우는 날이 많았어요. 그럴 때면 캐서린이 우편물을 관리하는 <mark>등</mark> 아버지의 비서 역할도 했답니다. 몇 해 뒤 캐서린은 다섯 남매 가운데 유일하게 대학을 졸업해서 학사 학위를 받았어요.

윌버와 오빌이 세상에서 가장 똑똑하고 위대한 발명가들을 괴롭혀 온 비행기 만들기 문제에 전념하는 동안 캐서린은 고등학교에서 라틴어를 가르쳤어요.

캐서린은 비행기를 향한 오빠들의 열정을 지켜보면서 끝까지 응원했어요. 윌버와 오빌이 마침내 비행기를 판매하기 시작하자 캐서린은 오빠들의 비행기를 알리는, 이른바 홍보 이사 역할을 맡았어요. 그래서 처음 판매에 나선 유럽에서 캐서린은 시범 비행을 보기 위해 모인 왕과 여왕, 백작과 백작 부인, 그 밖의 다양한 귀족 들과 어울렸지요. 그들 중에는 비행기를 공짜로 타 보겠다고 찾아온 사람도 많았어요. 제아무리 고귀하고 부유한 왕족과 귀족이라도 공짜 좋아하는 마음은 다 같은가 봐요!

윌버와 오빌 형제 이야기로 돌아가 볼까요? 두 사람은 어떻게 성공할 수 있었을까요? 그들은 문제를 여러 부분으로 나누어 해결한다는 기발한 방법을 찾아냈어요. (이건 발명가가 아니더라도 귀담아들을 만한 조언이에요.) 다른 발명가들은 그저 모터와 조잡한 프로펠러를 새처럼 생긴 장치에 부착한 뒤 시동을 걸었어요. 하나같이 추락했지요. 설령 땅 위로 떠올랐다고 해도 그다음에는 뭘 해야 할지 몰라 쩔쩔맸을 테고요.

그와 달리 윌버와 오빌은 제어가 가장 중요하다는 사실을 깨달았어요. 그들은 이 문제부터 해결하기 위해 노스캐롤라이나주 해안의 키티호크로 갔어요. 그곳은 바람이 일정해서 두 형제가 제작한 글라이더의 조종 기능이 완전해질 때까지 마음껏 실험할 수 있었어요. 마침내 갈매기처럼 능숙한 (완전히 똑같았다는 이야기는 아니고요.) 활공이 가능해지자 효율 높은 프로펠러를 설계하고 제작했어요. 또한 기계공 찰스 테일러에게 가벼운 휘발유 엔진을 제작하게 했어요. 이렇게 하여 1903년

12월 17일, 라이트 형제는 세계 최초로 조종이 가능한 동력 비행기를 탄생시키며 새로운 역사를 써 냈어요.

비행기 이야기 참 흥미롭지요? 자, 그럼 본격적으로 이야기를 시작해 볼까요? 안전띠 매고, 의자 등받이와 접이식 테이블을 바로 세우고, 가지고 있는 전자 기기의 전원을 꺼 주세요. 일생일대의 비행이 여러분을 기다리고 있답니다!

- 리처드 마우러, 《라이트 형제의 막내 여동생(The Wright Sister)》의 저자

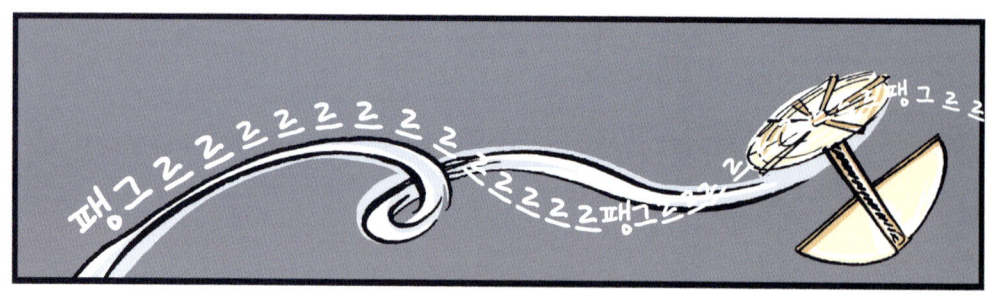

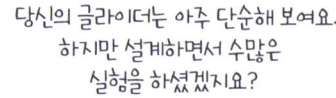

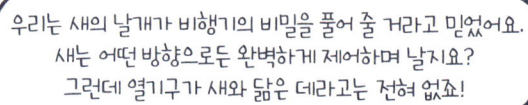

1896년 8월 –
미국 오하이오주 데이턴

삐걱

윌버 형.

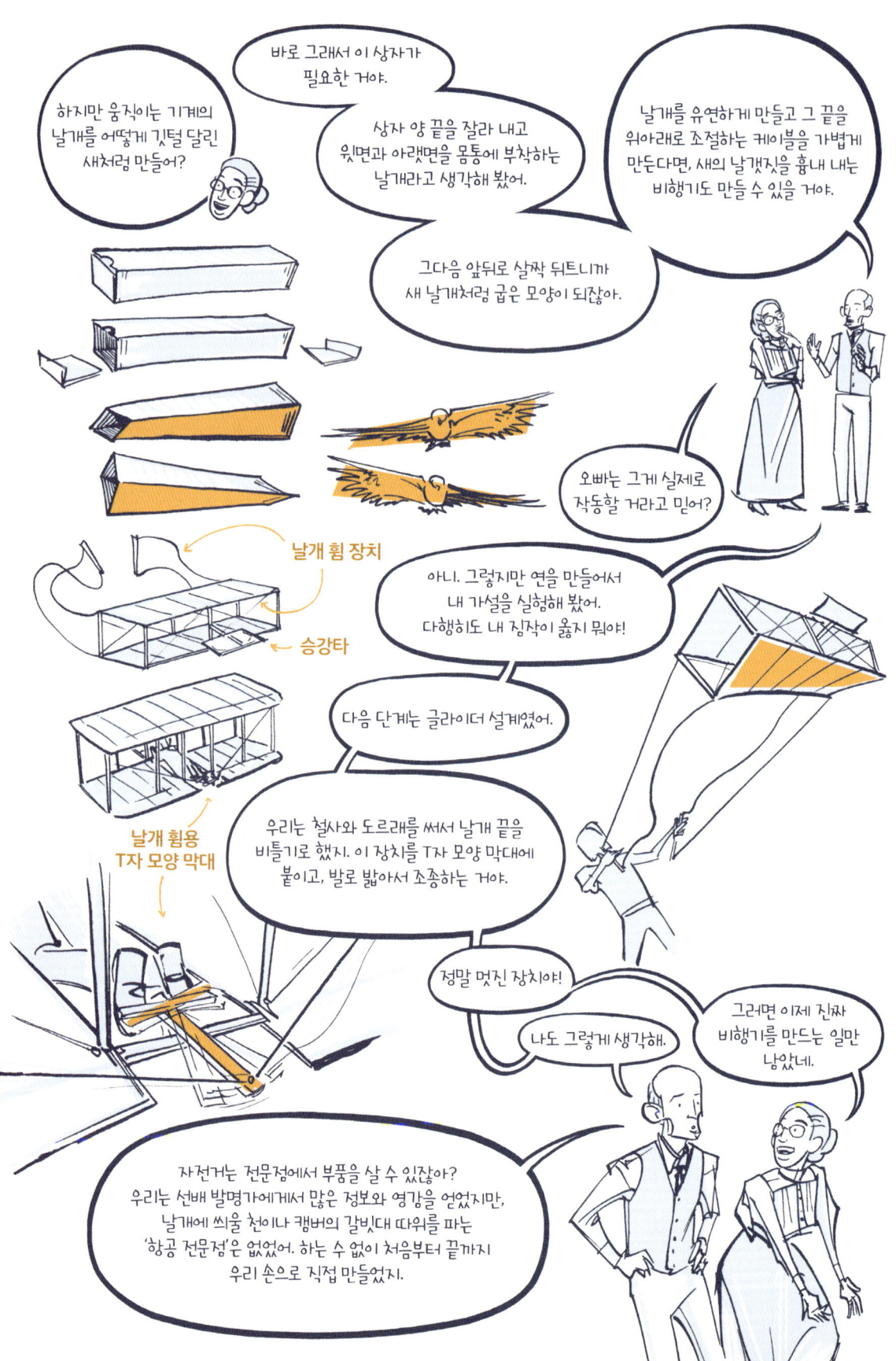

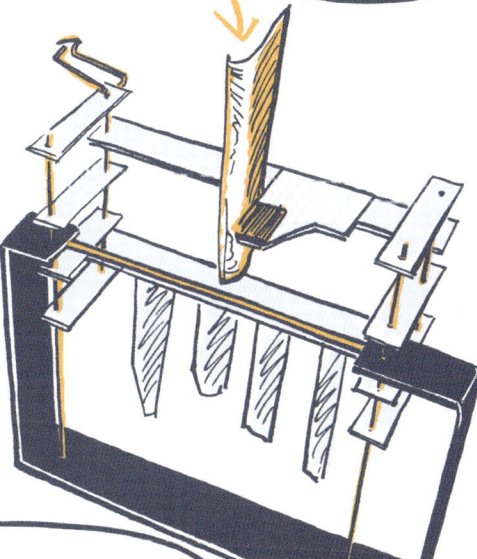

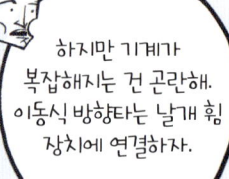

오빠들은 아직 몰랐지만, 그때 추가한 이동식 방향타는 실용적인 비행기로 나아가게 해 주는 엄청난 기술 발전이었어요.

이렇게 글라이더 조종 문제가 해결됐어요. 이제 엔진을 어떻게 결합할지 고민할 차례가 되었지요.

1903년 - 프랑스 파리

아우베르투 산투스-두몽

모든 항공 기술자가 기술 혁신을 위해 땀 흘리는 건 아니었어요. 개중에는 구식 비행 기계를 갈고닦는 것으로 만족하는 사람들도 있었어요.

오빠들은 이제 몇 시간 후 인류의 생활을 완전히 바꿔 놓을 비행을 하게 돼요.

라이트 플라이어 1호
소재: 가문비나무와 물푸레나무, 철사, 캔버스용 페인트를 실한 면직물
엔진: 알루미늄 합금, 77.1킬로그램, 12마력 출력의 경량 엔진
날개폭: 12.3미터
날개 면적: 47.4제곱미터
익현: 1.98미터
길이: 6.4미터
무게: 274.4킬로그램
캠버: 1/20
최고 속도: 시속 48킬로미터

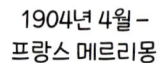

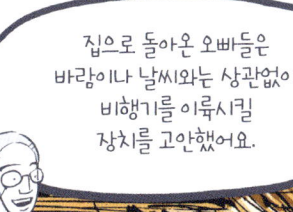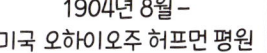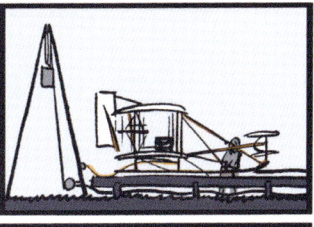

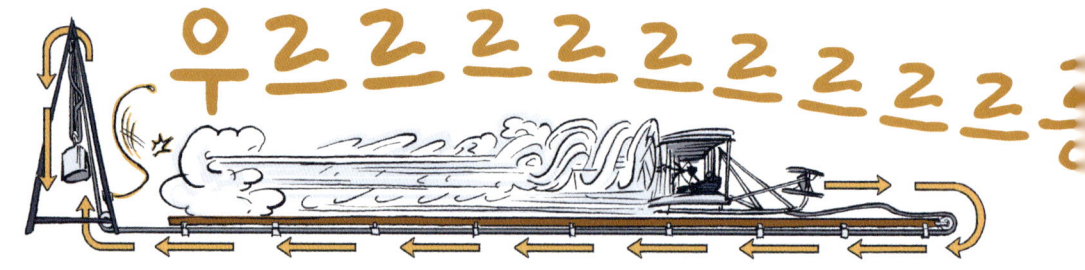

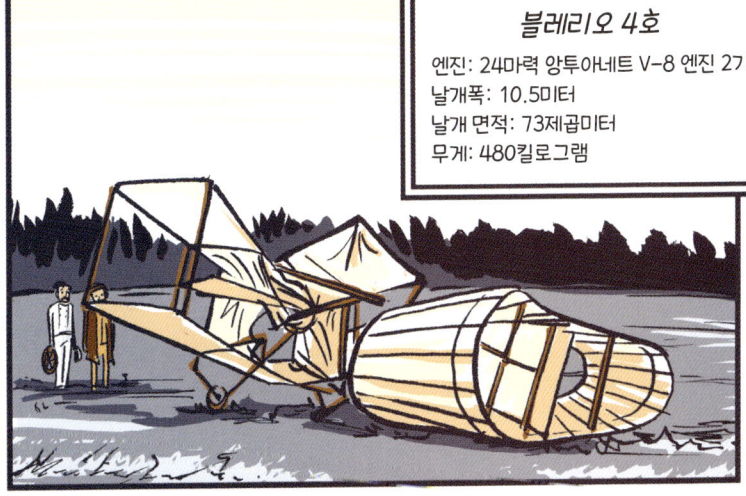

블레리오 4호

엔진: 24마력 앙투아네트 V-8 엔진 2기
날개폭: 10.5미터
날개 면적: 73제곱미터
무게: 480킬로그램

1908년 12월 -
미국 뉴욕주 해먼즈포트

윌버와 오빌 오빠가 사업과 정치에서 힘겹게 경험을 쌓는 동안, 미국 다른 곳에서 새로운 선수가 등장했어요!

글렌 H. 커티스

알렉산더 그레이엄 벨

이 사람은 전화기 특허를 따낸 바로 그 벨이에요. 벨 씨는 그밖에도 유용한 발명품을 몇 가지 더 만들었지요.

벨은 오래전부터 연에 관심이 많았어요. 최근에는 아내 메이블의 끈질긴 요청으로 비행 실험 협회를 설립했어요. 그동안 이룬 여러 노력과 통찰을 결합해 비행기를 개발하려고요.

글렌 씨, 벨 씨.

안녕하시오, 톰.

미 육군 통신단에서 뭐가 왔는지 보십시오.

톰 셀프리지 대위

"중항공기(공기보다 무거운 비행기) 사양 공고."

두 사람과 200킬로미터 비행에 필요한 연료 탑재. 최소 시속 65킬로미터로 비행. 이륙 지점과 동일한 지점에 착륙. 최소한 한 시간의 시험 비행에 성공해야 한다. 조종간 조작이 힘들지 않고 전 방향 조종과 완벽한 제어가 가능해야 한다….

특별한 이륙 조건이 필요치 않아 모든 나라에서 비행이 가능해야 한다. 동력 없이 착륙 가능해야 한다. 제조와 조작이 쉬워야 한다….

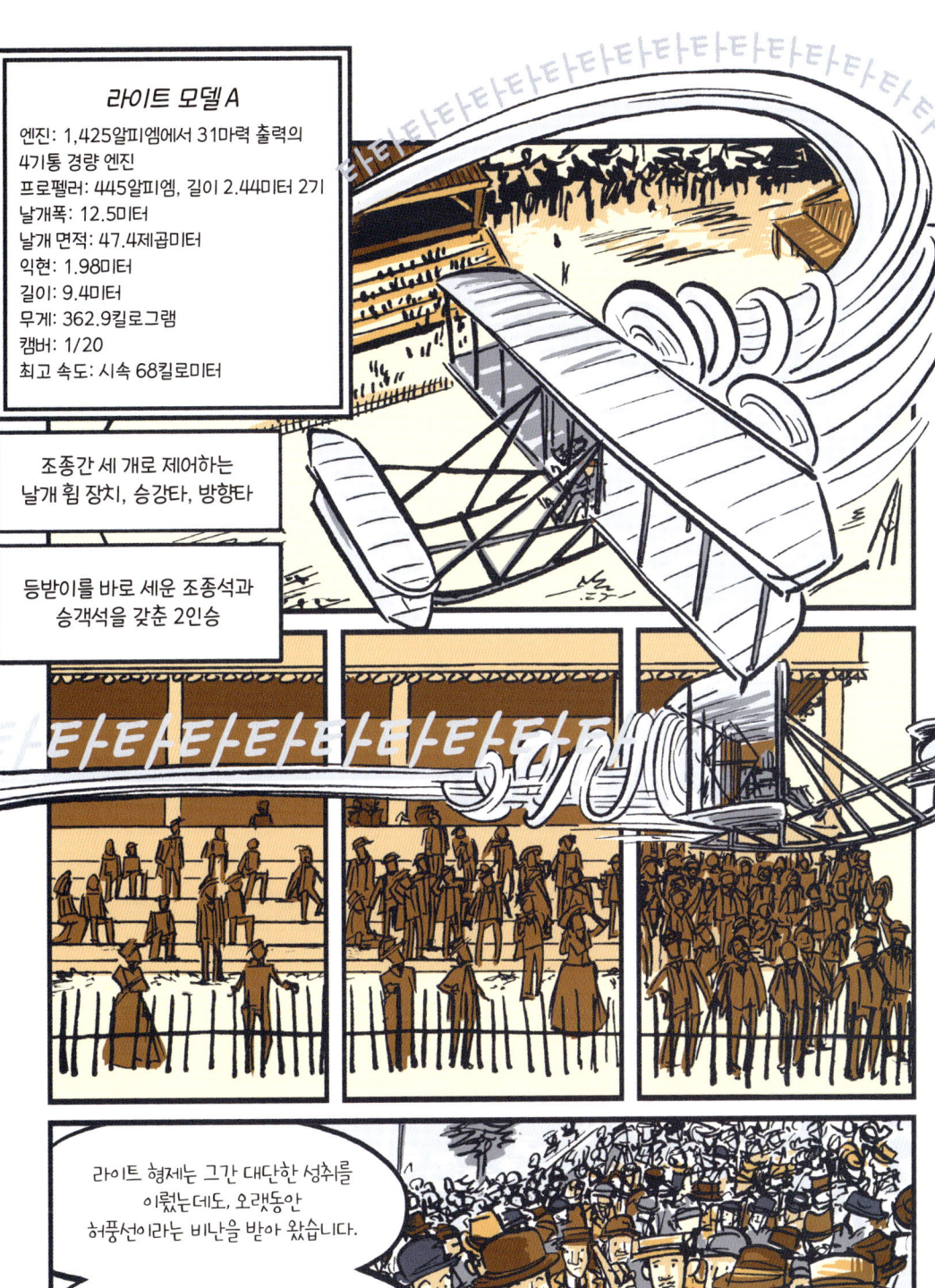

A: 블레리오 11호
B: 에트리히 타우베
C: 브레게 3형
D: 브리스틀 T형 복엽기
E: 모란-보렐 단엽기
F: 애브로 D형
G: 핸들리 페이지 D형
H: 블랙번 머큐리
I: 뉴포르 단엽기
J: 브리스틀 프라이어 단엽기
K: 듀펠듀상 단엽기

기술적 재능보다 열정이 앞선 비행기도 있었지만, 모두의 열망은 하나였어요. 중력을 이기고 자유로이 날아올라 하늘의 주인이 되는 것이요!

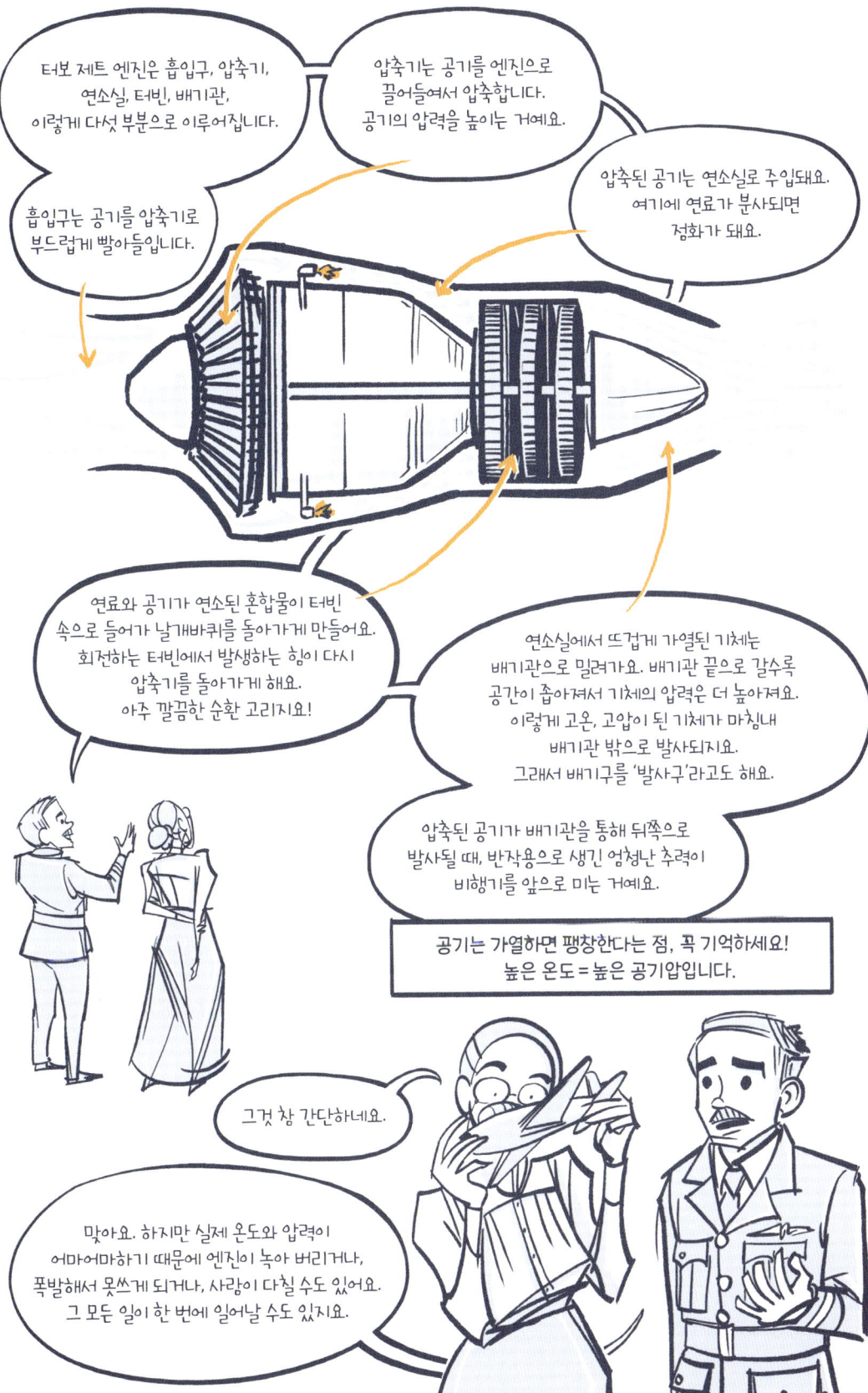

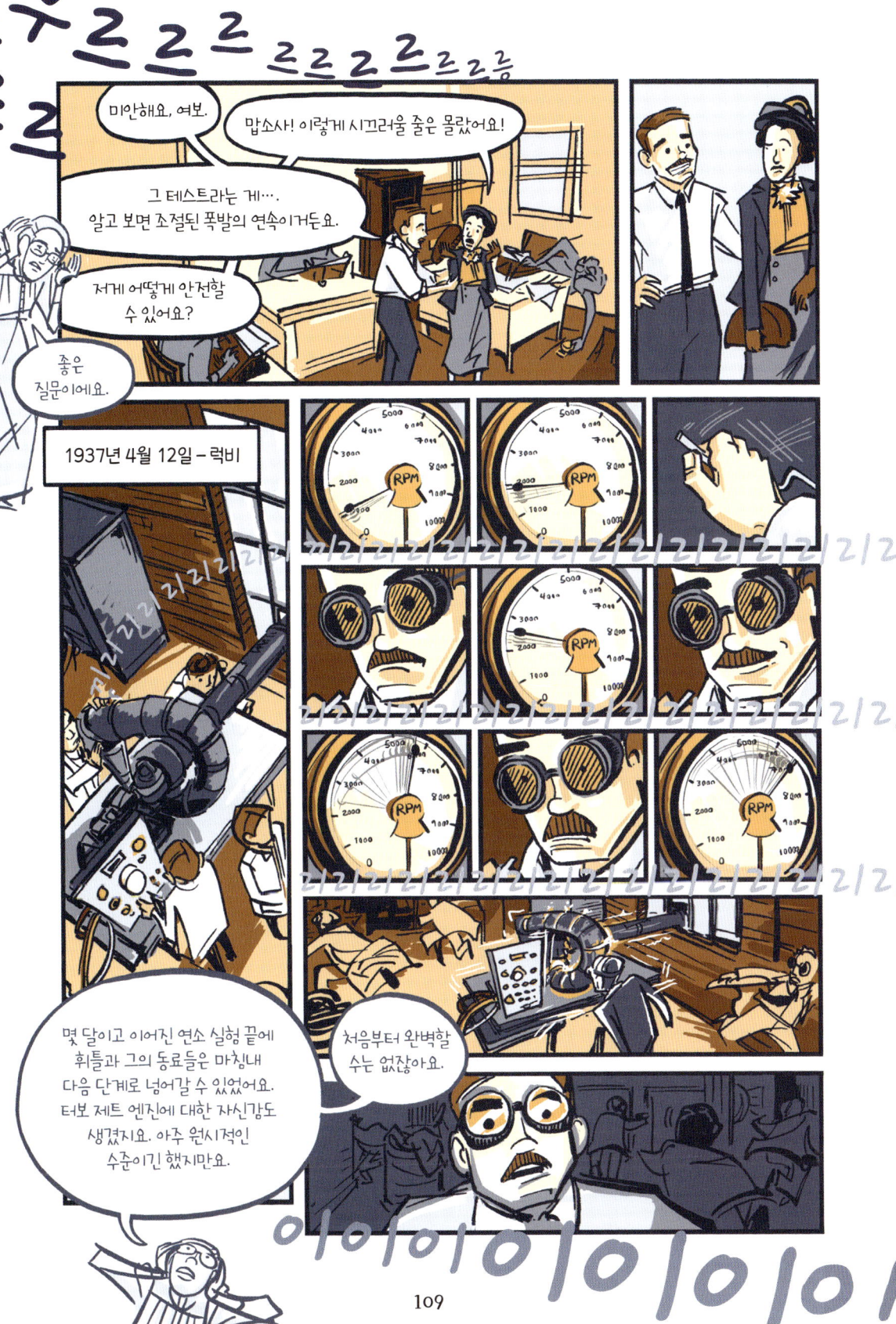

하인켈 He 178 호.
최고 속도 시속 700킬로미터.
비행 거리 199.5킬로미터.
등유를 연료로 사용하는
하인켈 HeS 3 제트 엔진 탑재.

초도 비행
1939년 8월 27일.

우리가 최초로 시도한
짧은 비행보다
한 해 이상 앞섰군.

너무 불공평해요. 정부가 그렇게
질질 끌지 않고 당신을 지원해
주었더라면….

괜찮아요.

내가 할 수 있는 최선을
다해 미래를 준비하면
되는 겁니다.

그래야 하고말고요. 비행을
향한 꿈은 이제 겨우 걸음마
수준인걸요.

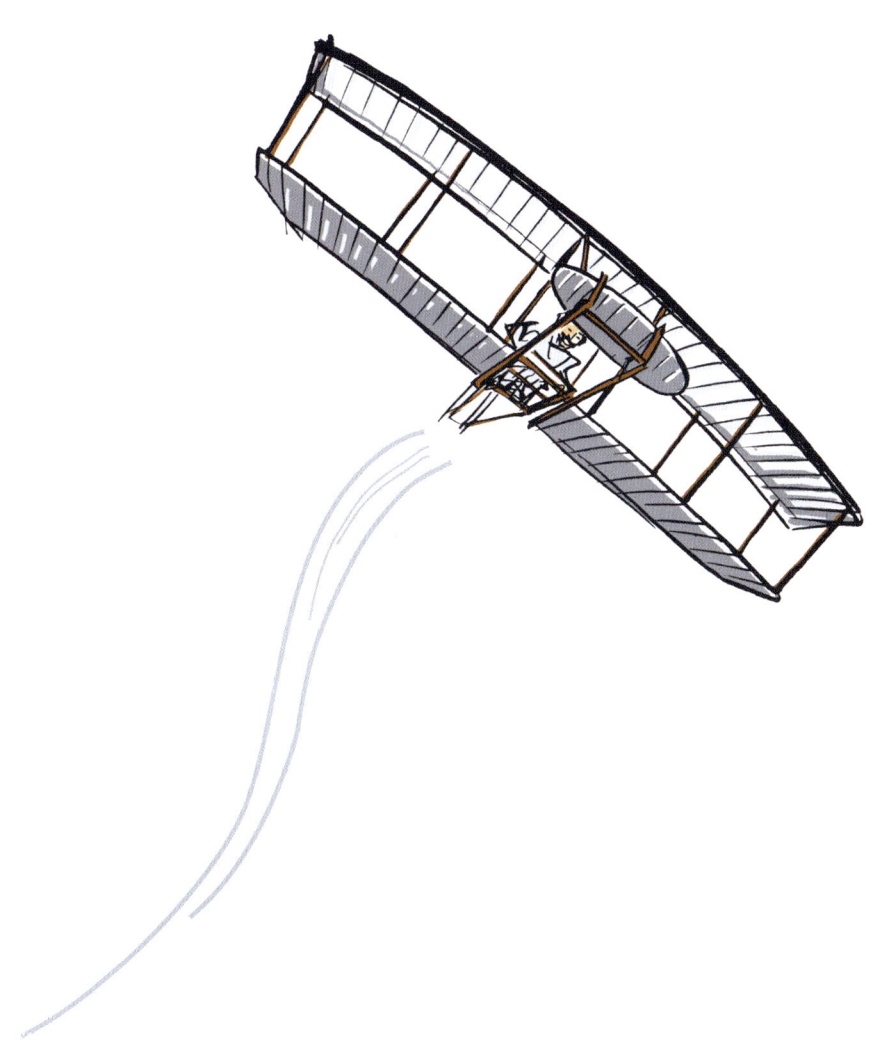

또 다른 항공 개척자

저는 이야기 속에서 비행가와 비행기에 대해 최대한 많이 알려 드리려고 노력했어요. 그런데도 훌륭한 분들이 워낙 많아서 모두 다 소개하지 못했어요.

항공 기술 혁신에 이바지한 개척자를 더 만나 보는 건 어떨까요?

조제프, 자크 몽골피에 형제

1782년 조제프 몽골피에는 나무와 직물을 이용하여 가로 1미터, 세로 1미터, 높이 1.3미터의 바닥 없는 상자를 만든 후 그 밑에 불을 피웠어요. 그러자 열기로 가득 찬 상자는 실험대에서 떠올라 천장에 부딪쳤지요. 이를 시작으로 조제프는 훨씬 더 큰 열기구를 제작하기 위해 수많은 실험을 했어요. 1783년 11월, 마침내 조제프와 그의 동생 자크를 태운 열기구가 프랑스 파리 서쪽 외곽에서 하늘 위로 높이 떠올랐어요.

조지 케일리

1809년과 1810년 사이, 영국의 항공학자 조지 케일리가 〈공중 비행에 대하여〉라는 논문을 발표했어요. 논문에서 그는 활처럼 굽은 새 날개에서 발생하는 양력 덕분에 일정한 속도를 얻을 수 있고, 그 뒤에는 날갯짓을 하지 않아도 날 수 있다는 것을 설명했어요. 이 논문은 항공을 연구하고 개발하는 사람들에게 중대한 영향을 끼쳤어요.

알퐁스 페노

1870년대 초에 프랑스의 항공학자 알퐁스 페노는 고무줄을 동력으로 한 여러 종류의 비행 기계 모형을 설계하고 제작했어요. 그중에서 대나무와 코르크로 만든 헬리콥터 모형이 훗날 라이트 형제가 제작한 '박쥐'에 영감을 주었지요.

새뮤얼 피어폰트 랭글리

스미스소니언 협회 회장 새뮤얼 피어폰트 랭글리는 알퐁스 페노의 헬리콥터에서 영감을 받아 1887년에 고무줄 동력 프로펠러로 날아가는 비행기 모형을 개발했어요. 그가 만든 최고의 발명품은 증기 엔진을 장착한 두 대의 '에어드롬'이에요. 찰스 맨리가 조종간을 잡고, 포토맥 강의 선상 가옥 지붕에서 발사했지요. 하지만 두 에어드롬 모두 비행에 실패한 채 강물로 떨어졌어요.

로렌스 하그레이브

1893년 오스트레일리아의 항공학자 로렌스 하그레이브가 상자 연을 발명했어요. 그는 상자 연 네 개를 연결한 뒤 직접 타고서 하늘로 떠올랐어요. 하그레이브는 새로운 아이디어를 사람들과 자유롭게 교환해야 한다고 믿었기에 이 발명품에 특허를 받지 않았어요. 아우베르투 산두스-두몽의 14-비즈를 포함해서 이후 많은 비행기가 그의 상자 연을 날개로 이용했답니다.

옥타브 샤누트

시카고에서 토목 기술자로 활동하며 명성을 얻은 옥타브 샤누트는 퇴직한 뒤 중항공기 연구에 몰두했어요. 그 연구 결과와 항공에 대한 생각을 1894년에 《비행기의 발전》이라는 책으로 묶어 냈어요. 기술 혁신에 관심이 많다 보니 라이트 가족과도 친하게 지냈어요. 라이트 형제를 다른 항공 개척자에게 소개해 주었고, 킬데빌힐스에서 열린 실험 비행에도 여러 번 참관했어요.

캐서린 라이트의 생애

캐서린 라이트는 1874년 8월 19일, 수전과 밀턴 라이트 부부의 막내 외동딸로 태어났어요. 캐서린이 태어났을 때 가장 위의 두 오빠인 로린과 레칠린은 각각 열두 살, 열세 살이었어요. 어린 캐서린은 일곱 살 위인 윌버와, 겨우 세 살 차인 데다가 생일까지 같은 오빌과 훨씬 더 친하게 지냈지요.

어머니 수전 라이트는 캐서린이 겨우 열네 살 때 돌아가셨어요. 집안 살림을 도맡아 하느라 캐서린은 고등학교도 졸업하기 힘겨웠지요. 하지만 끊임없이 스스로를 다독이며 공부를 놓지 않았고, 마침내 1893년 오벌린 대학에 진학했어요. 이 학교는 당시로선 드물던 남녀 공학 대학이었어요. 이때 기숙사에서 함께 생활했던 룸메이트들은 캐서린의 평생 친구가 되었답니다.

1898년에 졸업한 캐서린은 1년 뒤, 고향 데이턴에 있는 스틸 고등학교에서 보조 교사로 교직 생활을 시작했어요. 20세기에는 정식 라틴어 교사로 채용되어 적정 임금을 받는 전문 여성이자, 라이트 남매 가운데 유일한 대학 졸업자가 되었어요.

캐서린은 8년 동안 교사 생활을 했어요. 동시에 시간을 쪼개 가족과 집안일을 돌보고 많은 친구와 교제했어요. 윌버와 오빌이 유명해지면서부터는 항공 기술자와 비행사 등 비행에 꿈을 품은 수많은 사람들이 보내오는 편지에 답장하는 일을 맡았어요. 특히 라이트 형제가 실험을 위해 킬데빌힐스에 가 있을 때나 미국과 유럽 전역을 여행할 때면 더욱 일이 많았지요.

오빌이 마이어 요새에서 라이트 플라이어 호를 시험 비행하다 부상당했을 때, 캐서린은 수업을 보조 교사에게 맡기고 부랴부랴 버지니아로 내려가 몇 주 동안 그를 보살폈어요. 오빌이 퇴원한 뒤에는 함께 윌버의 유럽 대륙 여행에 합류했지요.

매력 있고 우아한 여성이었던 캐서린은 윌버와 오빌만큼이나 유명해졌어요. 에스파냐와 잉글랜드의 국왕을 만나고, 태프트 미국 대통령에게 소개되고, 여성 출입이 금지되어 있던 워싱턴 DC의 상류층 사교 클럽에 초대받기도 했어요. 데이턴의 스틸 고등학교로 돌아왔을 때는 캐서린의 자리가 이미 다른 사람에게 넘어가 있었어요. 캐서린은 교사 생활을 마감할 수밖에 없었지요.

1912년, 윌버가 장티푸스로 갑자기 죽자 오빌은 1915년에 라이트 회사를 팔았어요. 2년 뒤 아버지가 돌아가시자 오빌과 캐서린은 데이턴에 새로 마련한 저택 '호손힐'에서 지냈어요.

캐서린은 잠깐 약혼했던 것을 제외하면 누구와 사귄 적이 없었어요. 그런데 대학 동창이던 해리 해스컬이 캐서린을 홀로 좋아하고 있었지요. 그는 시카고에서 기자로 일하고 있었어요. 첫 아내가 죽은 뒤 해리는 캐서린과 다시 친하게 지냈고, 결국 두 사람은 연인이 되었어요. 오빌은 여동생의 약혼 소식에 크게 충격을 받았지만, 다른 가족들은 몹시 기뻐했지요. 캐서린과 해리는 1926년 11월에 오벌린 대학 가까이에 있는 친구 집에서 결혼식을 올렸어요.

캐서린 라이트는 1905년 허프먼 평원에서 라이트 플라이어 호를 처음 보았어요. 윌버와 오빌이 순서대로 이륙용 철로에서 하늘 높이 떠오를 때, 캐서린은 감격에 겨워 눈을 떼지 못했지요. 캐서린도 비행 경험이 있어요. 프랑스 포에서 윌버가 조종하는 비행기 조수석에 앉아 첫 비행의 기쁨을 누렸어요!

캐서린은 상냥하고 재치 넘치며 늘 타인을 배려하는 여성이었어요. 오랜 세월 동안 궂은일을 마다 않고 오빠들을 뒷받침해 준 캐서린이 없었다면, 라이트 플라이어 호는 결코 하늘 높이 날지 못했을 거예요.

용어 사전

가속도
움직이는 물체의 변화하는 속도. 시간에 따른 속도 변화를 측정해서 나타내요.

고도
지표면이나 해수면으로부터 수직으로 잰 물체의 높이.

공기압
대기 속에서 물체를 누르는 공기의 힘.

글라이더
날개가 달려 있지만 엔진이나 프로펠러가 없는 비행기.

날개 휨 장치
비행기를 제어하는 장치 중 하나. 비행 중 안정성을 높이기 위해 양쪽 날개 끝을 비틀어 받음각을 변경해요. 양쪽 날개의 양력을 조절할 때, 조종사가 기체를 선회할 때 사용해요. 오늘날에는 날개 휨 장치 대신 에일러론을 써요.

단엽기
날개가 한 쌍만 달린 비행기. 현대의 비행기는 대부분 단엽기예요.

동력 비행기
엔진의 힘으로 프로펠러나 터빈을 돌려 앞으로 나아가고 공중으로 떠오르는 비행기.

옥타브 샤누트가 발명한 글라이더

마력
엔진의 동력을 나타내는 단위. 말 한 마리가 내는 힘의 양을 말해요.

받음각
에어포일 또는 날개가 정면에서 불어오는 바람과 만나는 각도. 이 각도에 따라 에어포일에서 발생하는 양력이 커지기도 하고 작아지기도 해요.

방향타
날개 및 승강타와 수직으로 놓인 조종간. 비행기의 좌우 회전인 요 운동을 제어해요. 비행기 방향을 돌릴 때 에일러론과 방향타를 함께 사용해요.

복엽기
날개 두 개를 위아래로 배치한 비행기. 라이트 형제의 비행기는 전부 복엽기였어요.

비행기
하늘을 날기 위해 만든 기계의 총칭. 땅에 닿지 않고 공중에서 이동할 수 있으며, 사람이 타서 조종할 수 있어요.

비행사
비행기를 조종하는 사람.

몽골피에 형제가 발명한 열기구

비행선
풍선 형태의 기구를 곤돌라나 선실에 연결해 하늘에 띄우는 기계. 추진 장치와 조종 장치가 있어 원하는 대로 비행할 수 있고, 승객을 태울 수도 있어요. 오늘날 기구를 팽창시키는 가스는 수소보다 헬륨을 주로 사용해요.

스미턴 계수
라이트 형제가 에어포일에서 발생하는 양력의 크기를 알아내기 위해 사용한 방정식 값. 이 계수의 값은 0.005파운드(약 2.268그램)로, 1제곱피트(약 0.093제곱미터)짜리 에어포일이 공기와 평행하게 시속 1마일로 이동할 때 발생하는 항력의 크기여야 했어요. 하지만 계산이 맞지 않았고, 라이트 형제는 직접 풍동 실험을 한 뒤에 이 값을 0.0033파운드(약 1.4968그램)로 바로잡았어요.

승강타
비행사가 조종하는 장치 중 하나. 비행기의 머리나 꼬리가 올라가고 내려오는 피치 운동을 제어해요. 현대의 비행기에는 하나 혹은 여러 개의 승강타가 보통 꼬리 날개 쪽에 달려 있어요.

실속
항공기의 양력이 급격히 떨어지는 현상. 받음각이 너무 급하게 기울어질 때, 또는 날개 위쪽의 완만한 공기 흐름이 불규칙해질 때 에어포일의 양력이 사라져 비행기가 급속도로 고도를 잃게 돼요.

양력
물체가 공기 압력이 낮은 쪽으로 움직이도록 만드는 힘. 보통 에어포일 위쪽 공기에 의해 만들어지며, 비행기가 땅 위로 떠오르게 하는 힘이에요.

에어드롬
새뮤얼 피어폰트 랭글리가 설계하고 제작한 동력 프로펠러 비행기. 현재는 비행기가 이착륙하는 비행장을 가리키는 용어로 쓰여요.

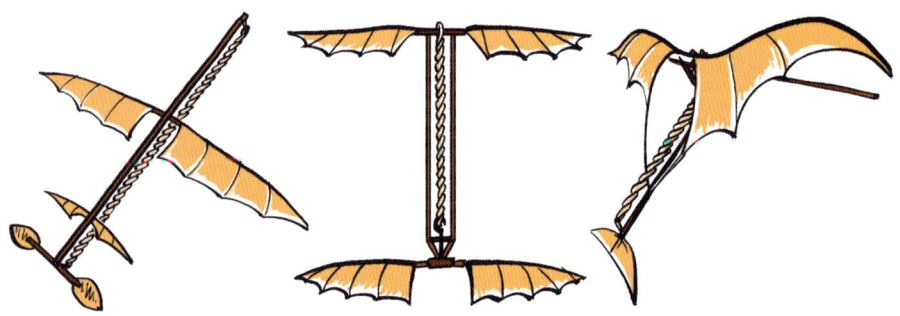

알퐁스 페노가 발명한 비행기 모형

에어포일
비행기 날개의 단면 모양. 공중에서 앞으로 이동할 때 이 면에서 양력이 발생해요. 날개골이나 익형이라고도 불러요.

에일러론
비행기 날개 뒤쪽 가장자리에 달려 있는 보조 날개. 양쪽 날개가 만들어 내는 양력을 조종하기 위해서 조종사가 위아래로 움직여요. 비행기가 좌우로 요동하는 롤 운동이나 선회 비행을 제어하는 장치예요.

유선
질량 없는 가상의 입자가 기류 속에서 움직이는 흐름을 그린 가상의 경로. 물체의 위아래로 이 경로를 그어 보면 그 물체 위로 만들어지는 공기의 흐름을 알 수 있어요. 또한 유선들끼리 얼마나 가까운지 파악하면 공기압의 변화도 알 수 있어요.

익현
에어포일 또는 날개의 앞에서 뒤까지의 거리. 일반적으로 날개의 앞뒤 길이를 뜻해요.

조종 장치의 세 회전축
비행기의 회전을 조종하는 세 방향. 비행기의 머리나 꼬리가 올라가고 내려가는 방향으로 회전하는 것은 '피치 운동', 수평한 상태에서 좌우로 회전하는 것은 '요 운동', 한쪽 날개가 들리고 다른 쪽 날개는 내려앉는 식으로 회전하는 것은 '롤 운동'이에요.

질량
모든 물체가 가진 고유의 양. 일반적으로 무게를 재서 측정해요.

캠버
에어포일 또는 날개의 윗면과 아랫면의 높이 차이로 생기는 굽은 모양. 캠버 날개는 윗면과 아랫면의 곡선 모양이 달라요. 대부분 윗면의 곡선이 아랫면의 곡선보다 크지요.

조지 케일리가 개발한 글라이더

풍동
인공 바람을 일으키는 장치. 에어포일을 비롯한 비행기의 요소들이 바람에 어떤 영향을 받는지 알기 위해 바람 속도를 조절하며 실험해요.

프로펠러
가운데 축을 중심으로 두 개 이상의 날개를 부착한 장치. 날개가 축을 중심으로 회전하면서 양력을 발생시켜요. 이 양력이 공중에서 비행기를 당기거나 밀어 이동시키는데, 이를 '추력'이라고 불러요.

항공학
비행과 비행기를 과학적으로 연구하는 학문. 항공학자, 항공 기술자, 항공 연구원, 항공 발명가 등 많은 사람이 다양한 분야에서 일하고 있어요.

힘
정지한 물체를 움직이게 하고, 또 움직이는 물체의 속도를 변화시키거나 멈추게 하는 작용.

피어폰트 랭글리가 만들다 실패한 에어드롬

참고 도서

Crouch, Tom D. *The Bishop's Boys: A Life of Wilbur and Orville Wright*. W. W. Norton & Company, 2003.

Gillispie, Charles Coulston. *The Montgolfier Brothers and the Invention of Aviation 1783?1784: With a Word on the Importance of Ballooning for the Science of Heat and the Art of Building Railroads*. Princeton Legacy Library, 2014.

Grant, R.G. *Flight: The Complete History*. DK Publishing, 2007.

Jenkins, Garry. *Colonel Cody and the Flying Cathedral: The Adventures of the Cowboy Who Conquered Britain's Skies*. Touchstone, 2000.

Maurer, Richard. *The Wright Sister: Katharine Wright and Her Famous Brothers*. Roaring Brook Press, 2003.

McCollough, David. *The Wright Brothers*. Simon & Schuster, 2015.

Tobin, James. *To Conquer the Air: The Wright Brothers and the Great Race for Flight*. Free Press, 2004.

Whittle, Frank. *Jet: The Story of a Pioneer*. Frederick Muller Ltd., 1953.

자크 알렉상드르 세자르 샤를이 발명한 열기구

클리오, MK, 카리, 스콧, 폴, 그리고 엄마의 따뜻한 이해와
훌륭한 조언 고맙습니다. 특히 철저히 조사하고 나무랄 데 없이
아름다운 그림을 그려 준 몰리 덕분에 이 책이 빛을 발하게 되었어요.
- 앨리슨

이 책에 그림을 그리며 기술 관련 정보가 필요할 때,
빛의 속도로 상세한 답변을 주신 라이트 형제 항공 회사의
닉 엥글러에게 고마움을 전합니다. 또한, 직접 갈 수 없었던
여러 항공 유적지에 관련한 개인 소장 사진과 자료를 보내 주신
역사 덕후 여러분께도 특별히 감사의 마음을 전합니다.
- 몰리

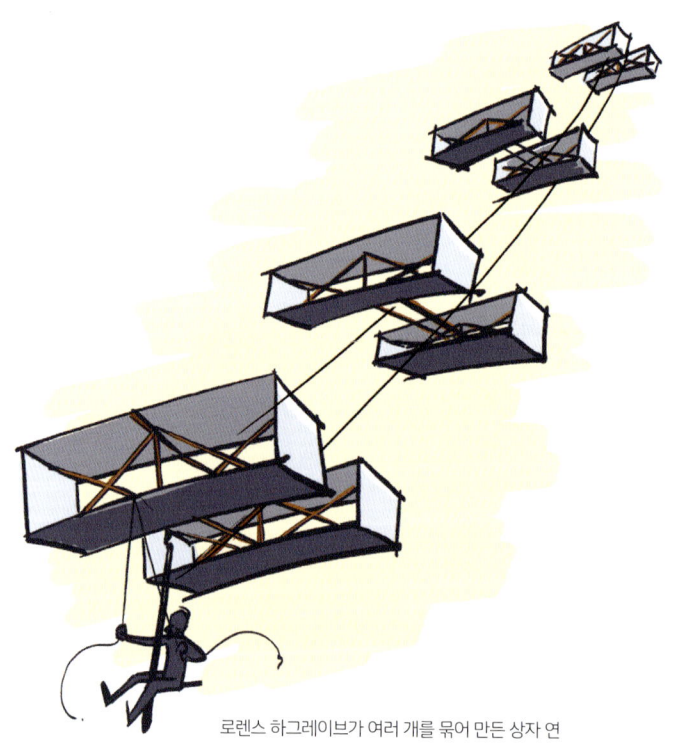

로렌스 하그레이브가 여러 개를 묶어 만든 상자 연

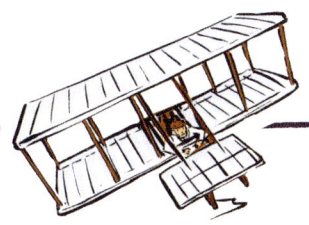

글 앨리슨 윌거스
텔레비전 애니메이션 〈암호명: 이웃집 아이들〉로 작가가 되었습니다. 미국 뉴욕의 브루클린에서 다양한 이야기를 지으며 출판, 인터넷 등을 통해 작품을 발표하고 있습니다.

그림 몰리 브룩스
녹차와 젤리빈만 있으면 기운이 샘솟는, 재능과 교양으로 똘똘 뭉친 화가입니다. 미국 테네시주의 내슈빌에서 나고 자랐으며 2013년 일러스트레이션 예술 창작 석사 학위를 받았습니다. 현재는 뉴욕 브루클린에서 일하고 있습니다. 한가한 시간이면 영화를 감상하거나 뜨개질과 하키를 하고, 감정에 관한 만화를 그리기도 합니다.

옮김 이민아
이화여자대학교 중어중문학과를 졸업했습니다. 《비행기 대백과사전》, 《즉흥연기》, 《색맹의 섬》, 《꼬마 너구리 라스칼》, 《채링크로스 84번지》 등을 우리말로 옮겼습니다.

사이언스 코믹스 시리즈

깊은 바닷속부터 머나먼 우주까지 탐험해 볼까요? 산호초, 공룡, 화산, 박쥐, 전염병, 비행기, 컴퓨터, 태양계, 로봇······ 세상에서 가장 흥미롭고 신기한 것들을 찾아 떠나는 여행! 최고의 작가들이 개성 있는 글과 그림으로 완성한

환상적인 '과학 그래픽노블'을 즐겨 보세요!

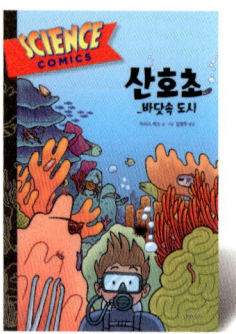

산호초 _ 바닷속 도시

바다에 사는 동물의 4분의 1이 산호초에 살고 있다는 걸 알고 있니? 바닷속 작은 도시, 산호초에서 헤엄치고, 사냥하고, 일하며 사는 다양한 생물들을 만나 보자.

마리스 윅스 글·그림 | 128쪽 | 값 11,000원

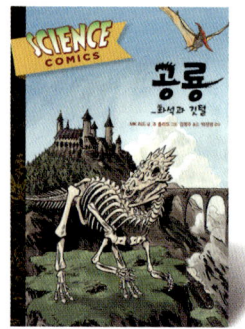

공룡 _ 화석과 깃털

공룡이 이 세상에 존재했다는 걸 어떻게 알게 되었을까? 600만 년 전 공룡의 삶을 추적하고 상상해 온 고생물학자들의 이야기를 들어 보자.

MK 리드 글 | 조 플러드 그림
128쪽 | 값 11,000원

화산 _ 불과 생명

지구가 꽁꽁 얼어붙은 미래. 태울 연료를 찾아다니던 남은 인류는 지각 아래에서 일어나는 놀라운 비밀을 알게 된다. 땅 아래에선 대체 무슨 일이 벌어지고 있는 걸까?

존 채드 글·그림 | 130쪽 | 값 11,000원

박쥐 _ 하늘을 나는 포유류

박쥐가 피를 빠는 무서운 동물이라고? 박쥐는 해충을 없애고 식물의 수분을 돕고 씨를 퍼뜨리는 중요한 역할을 해. 잘 몰랐던 박쥐의 모든 것을 속속들이 파헤쳐 볼까?

팰린 코크 글·그림 | 130쪽
값 11,000원

전염병 _ 아주 작은 전쟁터

흑사병, 황열병, 천연두와 같은 전염병이 전 세계로 어떻게 퍼졌는지, 그런 전염병을 어떻게 막았는지, 또 전염병을 치료하기 위해 애썼던 과학자들은 누가 있었는지 알아보자.

팰린 코크 글·그림 | 130쪽
값 11,000원

비행기 _ 인류의 날갯짓

거대한 연을 띄우는 것에서부터 음속보다 빠른 제트기를 만들기까지, 새처럼 훨훨 하늘을 날기 원했던 초기 항공학자의 놀라운 모험과 다양한 비행기 이야기를 만나 보자.

앨리슨 윌거스 글 | 몰리 브룩스 그림
130쪽 | 값 11,000원

〈사이언스 코믹스〉 시리즈는 계속 출간됩니다.